今日はなんだか
軽く食べたい気分

軽めし《かるめし》

口祐加
料理家

ダイヤモンド社

今日は“ちょっと少なめ”くらいでいいな
かる〜く昼ご飯食べたいな
忙しい！とにかくパパッと手軽に作りたい！
急に「小腹減った」と言われても……！
深夜のご飯は、お腹に優しいのがいいな

それ、軽めしです!!

ご飯は軽くでいいんだけど、何作ったらいいんだろう……？

そんなふうに思ったことはありませんか。

レシピ本を開けば、何だか、どこもかしこもボリューム満点。見るだけですでにお腹いっぱい。

成長期の子どもの頃や、活動量の多い学生時代なら別ですが、大人になったらそもそも、そんなにたっぷり食べなくてもいい、ですよね。

在宅勤務が増えるなど、働き方が大きく変わりつつある昨今、以前より食事の回数や量が減ったという人も多い模様。1日3食たっぷり食べたら、むしろ食べすぎなのかもしれません。

本書はそんな**「軽いご飯」に特化したレシピ本**です。

軽いご飯だから、手間だってそんなにかけたくない。準備も片付けもラクなのがいい。

そんな、あらゆる意味で軽いご飯を「軽めし」と名づけました。

軽めし 三か条

① 腹七分目（総量250〜300gくらい）*の分量が軽いご飯

② かんたんな手順ですぐ作れる調理の負担が軽いご飯

③ 糖質や油が控えめの体の負担が軽いご飯

軽〜い分量で、3ステップまでで作れるもの。どこの家にもある材料と、最低限の調理器具で作れ、片付けも一瞬で終わるもの。そして一部には、糖質や油の分量が控えめで、眠くなったり太ったりしにくい、体の負担が軽いものも。それが、本書で提案する「軽めし」です。

軽くていい。

ラクしていい。

だけど、おいしく食べてほしい。

そんな思いから **〝最小限の手数で最大限のおいしさ〟** を導き出すレシピにこだわりました。

*一般的にはご飯茶碗1杯で150g程度。本書ではご飯100gを基本としています。

1人でサクッと食べるご飯は、誰かを呼んだときのおもてなし料理とは違うはず。家で食べるご飯と、レストランの食事も違って当然。家ご飯には家ご飯に適した、手順ややり方があるはずです。もちろん、料理が大好きで作ること自体がエンタメだという人は、凝った料理を作るのもいいと思います。

でも、毎日作るのが大変、憂うつ……と負担に感じている人は、ここらでちょっと荷物を下ろして、日々ラクに続けられる料理を試してみませんか。

出汁？ 必ずしも取らなくていいんです。

野菜の皮むき、アク抜き？ しなくていいものもたくさんあるんですよ。

料理って小難しそう、めんどくさそう、そんな料理にまつわるあらゆる思い込みは、どうか今すぐサヨナラしてください。料理は本来、食べられないものを食べられるようにすればいいだけ。

「たったこれだけ!? でも、おいしい！」そんなレシピを集めました。

さあ思いっきり軽く、いきましょう。

- contents -

第1章 きほんの軽めし

mini recipe

素材1つだけ副菜

第2章

軽いのがいいけど ガツンとしたやつ 教えてください！

mini recipe

チャチャッと部屋着スイーツ

第3章

糖質少なめご飯ありますか？

mini recipe

焼くだけがおいしい一品

第4章

夜遅くても食べやすいのがいいな

mini recipe

ワザあり奴大集合

第5章

今日は汁物だけでいいんです

mini recipe

余りがち食材で簡単おつまみ

COLUMN

この本の決まりごと

- 大さじ1は15㎖、小さじ1は5㎖、1カップは200㎖です。
- 素材の重量はおおよその目安です。
- 酒は、清酒または料理酒（無塩タイプ）を使用しています。加塩の料理酒を使用する場合、味見しながら調整してください。
- 塩ひとつまみは親指、人差し指、中指でしっかりつまんだ量(約1g)です。
- サラダ油は、米油、ナタネ油などでもOKです。お好みのクセがない油をお使いください。
- 「皮をむいて」などの記載がない場合は、基本的に皮をむかずに作っています。種やヘタを取るなどの工程は省いています。
- 基本的には、鍋やフライパンを熱さずに始めるコールドスタートのレシピです。
- 電子レンジは600Wを使用しています。機種によって加熱時間が異なる場合があります。
- 家庭用コンロ、IHヒーターなど、機種によって火力、出力が異なる場合があります。
- 加熱時間はあくまでも目安です。とくに魚介類や肉を扱う際は、火の通りを確認してください。

第1章

きほんの軽めし

パスタ、焼きそば、親子丼……
そんな定番料理をグッと「軽めし」化！
こうした定番たちがもっと簡単に作れたら、
日々のご飯はぐんとラクになりますよね。

●米、炊かない
●麺、ゆでない
●出汁、取らない
●レンチン最高！
●カット野菜上等！

え、ほんとに⁉
大丈夫、こんなにラクしても
おいしくできるんです。

材料、調味料から、手順、調理器具まで、
すべてシンプルにして軽量化！

「疲れた。もう何もできない……」
そんな日でもこれなら作れる、
頼れるスタメンが勢揃いです。

パックで作るお刺身定食

使っちゃえ！ツマもパックも最後まで

ツマの海藻などを
みそ汁に入れると
栄養価がアップ

使えるものは全部使う！

お刺身は、
パックのフタを
ボウル代わりにして漬け込み、
ツマは、みそ汁に入れちゃいましょう。
手抜き？
いえいえ、エコと言ってください。
使えるもの全部使って、
定食にしてしまう。
無駄なく、負担なく、軽やかに。
いいことずくめの軽めしです。

材料（1人前）

刺身盛り合わせ……１パック（8〜10切れ）
ご飯……茶碗に軽く１杯分（１００ｇ）
調味料
しょうゆ……大さじ½
みりん……小さじ½
みそ……大さじ１
かつおぶし……ひとつまみ

（しょうゆ・みりん＝A）

トッピングにごまをプラスするとさらに美味！

作り方

1 刺身をパックのフタに取り出し、フタをボウル代わりにしてAと刺身をからめ、そのまま**10分**ほど漬ける。

2 ツマの大根は**食べやすい大きさ**に切って盛り付け用の耐熱性の器に入れ、水**150㎖**を注いでレンジで**1分30秒〜2分**加熱する。ツマに火が通ったらその中でみそを溶き、かつおぶしを入れる。

3 ご飯をよそって、その上に**1**を盛り、パックにある薬味やわさびなどを添える。

豆腐めし

のせるだけ！コレ軽めしのド定番

まずはここから

「これぞ、軽めしの定番！」なレシピをご紹介。
それはつまり「のっけご飯」。
卵や納豆はもちろん、
何だってのせたもん勝ち。
今回はご飯に
豆腐をのせてみました。
思いついたものは何でも
のせる！　でOKですよ。

材料（１人前）

ちりめんじゃこ……15g
ご飯……茶碗に軽く１杯分（１００g）
絹ごし豆腐……１５０g
のり……¼枚（全形の¼）
大葉……３枚
調味料
　ごま油……小さじ1
　しょうゆ……小さじ1

おすすめトッピング
わさび……適量

お茶漬け的な感じで
ご飯だけより
食べやすい！

作り方

1 平たい耐熱容器にちりめんじゃこを入れてごま油を全体にからめ、レンジで**1分ほど**カリカリになるまで加熱する。

2 器にご飯を盛り、豆腐をスプーンで**ひと口大**にすくってのせる。

3 **2**に**1**、**食べやすいサイズ**にちぎったのりと大葉をのせ、最後にしょうゆをかける。お好みでわさびをのせる。

ザーサイ、
ごま、干しエビ、
天かすなどを
トッピングしても◎

シンプルチーズリゾット

15分！生米レンジでリゾットに

（レンチンリゾット第1弾）

「炊き忘れた！」
朝も大丈夫

ご飯炊いてない！
今から炊いてる時間もない！
そんなときこそ、こちらの出番。
15分あれば、
生米がリゾットに早変わりします。
家事しながら、メイクしながら、
気づけば完成。
ちょこっと食べたいときに
助かる一品です。

材料（1人前）

生米……1/3合（50g）
粉チーズ……大さじ1
調味料
顆粒コンソメ……小さじ1/2
オリーブオイル……大さじ1/2
塩……ひとつまみ

おすすめトッピング
こしょう……適量

超シンプルだから
ベーコン、ハム、パセリ
玉ねぎ、きのこ
何を混ぜても◎

作り方

1 深さ6cm以上の耐熱容器に米、水**250**mℓ、顆粒コンソメ、オリーブオイルを入れて混ぜ合わせ、レンジで**10分**加熱する（ラップは不要）。

2 容器を取り出してよく混ぜ合わせ（熱いので気をつける）、再びレンジで**3〜4分**、お好みの硬さになるまで加熱する。粉チーズ、塩を加えてよく混ぜ合わせる。

3 **2**を器に盛り、仕上げに再度、粉チーズ（分量外）とお好みでこしょうをふる。

カレーリゾット

ルー足せばカレーバージョンできちゃうよ

（レンチンリゾット第2弾）

「すぐ食べたい！」
夜も大丈夫

チーズリゾットが
生米から作れるなら、
カレーリゾットだって作れます。
疲れて帰宅して、
お腹も空いてる……。
炊いたご飯もない！
そんなときでも、
軽く作れる自炊レシピです。

材料(1人前)

生米……⅓合(50g)
ほうれん草……2株(70g)
シーフードミックス(冷凍)……80g

調味料
カレールー……1かけ(20g)

チーズ、パセリなどをトッピングしても

作り方

1 深さ6㎝以上の耐熱容器に米、水**200**㎖を入れ、レンジで**8分**加熱する(ラップは不要)。ほうれん草は**3**㎝**幅**に切る。

2 **1**の容器に**4等分**にしたカレールー、冷凍のままのシーフードミックス、ほうれん草を入れて混ぜ合わせ、再びレンジで**5~6分**加熱する。

3 熱いので注意しながらレンジから取り出し、よく混ぜる。

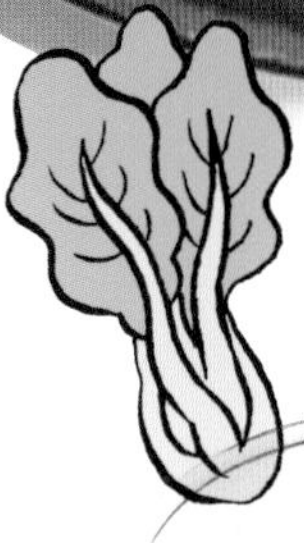

レンジから取り出したとき、ちょっと見た目にびっくりするかもしれません。でも、ちゃんと混ぜれば大丈夫です。

焼かない焼きそば

焼きそばは焼かなくたっていいんです

思い込みを捨て去れ！

焼きそばは焼くもの、炒めるもの、どこかでそう思っていませんか？いやいや、レンチンでも、本格焼きそば、作れます。フライパンも汚れないし、最高。お手軽料理代表選手の焼きそばが、さらに軽くなって登場です！

手のひら１杯分の野菜。

材料（１人前）

- 中華蒸し麺（粉末ソース付き）……１袋（１５０ｇ）
- ベーコン……ハーフサイズ４枚（60ｇ）
- カット野菜……½袋（70ｇ／手のひらに１杯分）

調味料

- 酒……小さじ2
- 中華蒸し麺の粉末ソース……１袋
- ごま油……小さじ1

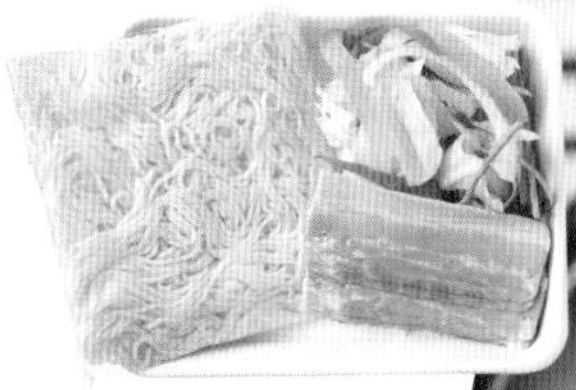

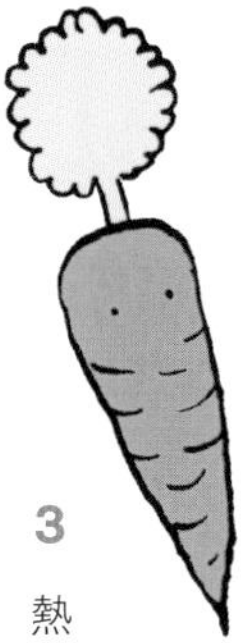

作り方

1 耐熱容器に中華蒸し麺、酒を入れて**1分**レンジで加熱する（ラップは不要）。ベーコンは**1㎝幅**に切る。

2 **1**の容器に粉末ソースを**半分**加えて混ぜ合わせる。その上にごま油、ベーコン、カット野菜、残りの粉末ソースを加えて、**2分30秒～3分**レンジで加熱する。

3 熱いので注意しながらレンジから取り出し、よく混ぜる。

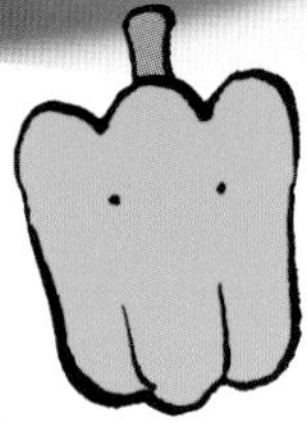

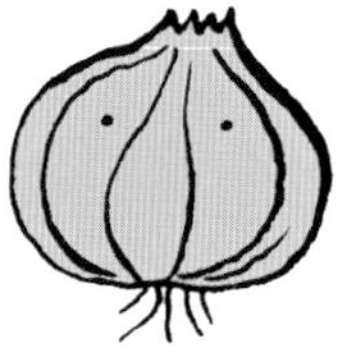

なすとツナのトマトパスタ

なすトマト
パスタもまとめて
ワンパンで

フライパン1つで作る

パスタって麺を別にゆでるのが、
けっこう面倒ですよね？
これは具材と麺を
一緒にゆでてOKなレシピです。
別ゆでしていた方には
ちょっとの勇気が必要ですが、
けっこうおいしくできますよ。
パスタ作りのハードルが
ぐんと下がる一品です。

材料（1人前）

カットトマト缶
…… ¼缶（100g）
ツナ缶（油漬け）…… 1缶（70g）
なす …… 1本（70g）
スパゲッティ …… 50g

調味料
塩・こしょう …… 適量

作り方

1 フライパンにトマト缶、ツナ缶（汁ごと）、水100㎖を入れ、沸騰させる。なすは乱切りにする。

2 1のフライパンになす、**半分**に折ったスパゲッティを加える。フタをしてスパゲッティの**表示時間＋2分程度**、**中火**でゆでる。その際、何度か中の様子を確認し、水気が少なくなってきたら、**大さじ1〜2程度**の水を加える。

3 最後に塩とこしょうで味を調える。

ホールトマト缶でトマトを潰しながら作ってもOK！

残ったトマト缶は別の料理（54ページなど）に使って

ソースがドロッとしやすいので、早めに食べ切るのがおすすめ。

トマトとしらすのさっぱりうどん

レンチンしのせてかけたらおしゃうどん

失敗知らず！

うどんに調味料と具をオン！
冷凍うどんは
ゆですぎる心配もないし、
まず失敗しないレシピです。
慌ただしい仕事の合間に
サクッと食べたい。
でも絶対、おいしいのがいい。
そんなときに重宝する一品です。

材料（1人前）

冷凍うどん……1袋
ミニトマト……5個（60g）
しらす……40g
大葉……3枚

調味料
A
めんつゆ（3倍濃縮）……大さじ1と½
オリーブオイル……小さじ1

作り方

1 冷凍うどんは**表示時間どおり**にレンジで加熱する。水で冷やし、水気をしっかり切ってから器に盛る。ミニトマトは**4等分**に切る。大葉はちぎる。

2 うどんにミニトマト、しらす、大葉をのせ、Aをかける。

面倒なときは水で冷やさなくてもOK

鶏ひき肉の親子丼

親子丼
ひき肉使って
超時短

一人前が
レンジでできちゃう！

比較的サクッと作れる
親子丼ですが、
もっと簡単に作ってしまいましょう。
ポイントは「ひき肉」と「めんつゆ」。
通常は鶏もも肉を使いますが
ひき肉にすることで、
レンチンでも早く火が通ります。
さらにめんつゆを使うことで、
味もバッチリ決まります！

ひき肉がホロホロで食べやすい！
青ねぎは長ねぎや玉ねぎにしてもＯＫ
めんつゆ

材料（1人前）

鶏ひき肉……50g
青ねぎ……2本（10g）
卵……1個
ご飯……茶碗に軽く1杯分（100g）
調味料
めんつゆ（3倍濃縮）……大さじ2

作り方

1 耐熱容器に鶏ひき肉、めんつゆ、**大さじ2**の水を入れてよく混ぜ合わせる。その上に**3㎝幅**に切った青ねぎをのせ、レンジで**2分**加熱する（ラップは不要）。

2 レンジから耐熱容器を取り出し、固まった肉をよく混ぜる。その上から卵を割り入れてよく混ぜ合わせ、再びレンジで**30秒**加熱する（※）。

3 器にご飯を盛り、**2**をかける。

※火の通りが弱い場合は、30秒ずつ加熱しながら様子を見る。

納豆キムチチャーハン

チャーハンも具が主役なら軽いんです

主役は具！

チャーハンって「ガッツリめし」のイメージがありますよね。
それは、ご飯が多いから。
ご飯少なめで具を主役にすると、驚くくらい軽めしになります。
でもね、納豆とキムチという鉄板コンビだもの。
満足感は保証済みです。

材料(1人前)

- 納豆(タレ付き)……1パック(60g)
- キムチ……50g
- 卵……1個
- カットねぎ……15g
- ご飯……茶碗に軽く1杯分(100g)

調味料
- 鶏がらスープの素……小さじ½
- 納豆のタレ……1袋

炒め用油
- ごま油……小さじ1
- サラダ油……小さじ1

チャーハンだけど重くない!

作り方

1 フライパンを温めてごま油とサラダ油をひき、納豆、キムチを入れて**中火で1分30秒~2分**、香ばしい香りがするまで炒める。卵は溶いておく。

2 ねぎ、ご飯、鶏がらスープの素を加えて**中火**で**1分**炒める。フライパンにスペースを空け、溶いた卵を落として炒める。卵が半熟になったら全体を混ぜ合わせ、納豆のタレを加える。

118ページの「ラーメン屋さんのスープ」をお供にしても

具だくさんみそ汁

とりあえず野菜はちぎってみそ汁に

おかずにもなる！

今日は野菜がとれなかったなあ。そんなときは全部、みそ汁で解決です！何を入れても、だいたいおいしくなるからすごい。みそ汁は、そんな一日の調整役として万能です。困ったときのみそ汁頼み、よくやってます。

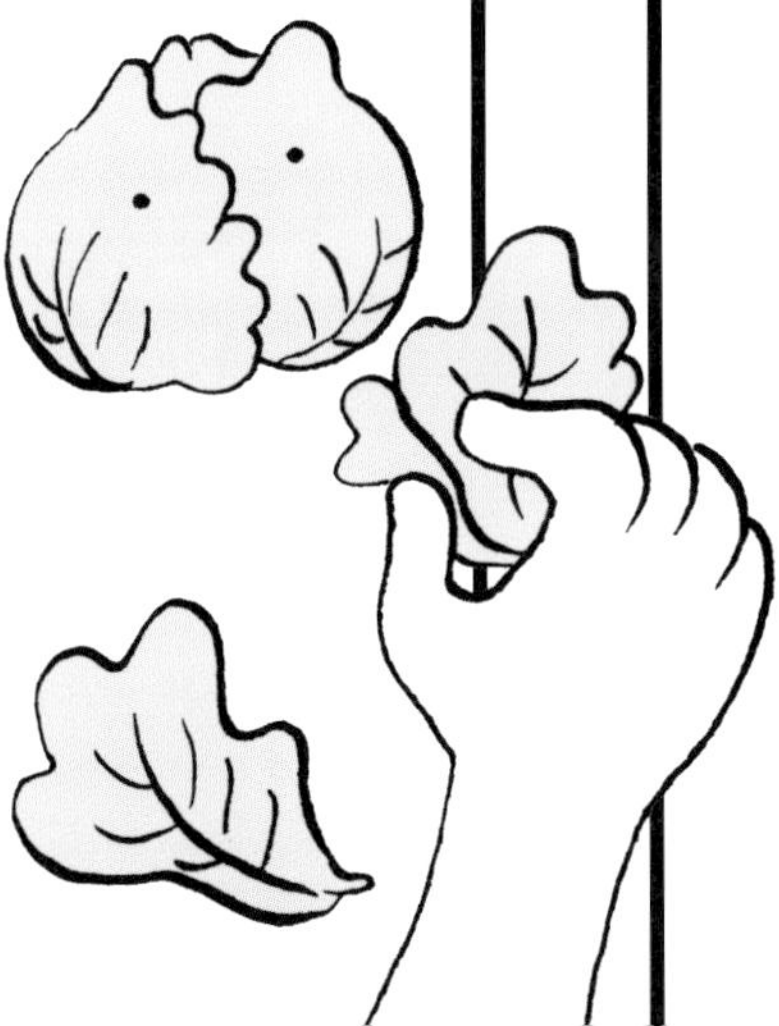

素朴で
ほっとする味

材料（2人前）

厚揚げ……1袋（150g）
キャベツ……2枚（100g）
調味料
かつおぶし……10g
みそ……大さじ2

作り方

1 鍋に**400ml**の水を入れ、厚揚げとキャベツを手で**ひと口サイズ**にちぎって加え、**中火**で沸騰させる。沸騰したら**1〜2分**、お好みのやわらかさになるまでゆでる。

2 火を止めてかつおぶしを加え、みそを溶く。

「さつま揚げ＋キャベツ」
「にら＋ひき肉」
「ほうれん草＋卵」
の組み合わせも！

素材1つだけ副菜

「1素材＋ひと手間」でも抜群においしいものはたくさん。
まずは、素材1つだけを「生」またはレンチンのみで！

※材料はすべて、作りやすい分量です。

＼ごま油がいい仕事してます！／

きゅうりのコクみそ和え

材料

きゅうり …… 1本

みそ …… 小さじ2

ごま油 …… 小さじ1

作り方

ビニール袋にきゅうりを入れ、ビンの底や麺棒などでたたいて割る。みそとごま油を加えて袋の上から手でもむ。

＼時間が経ってもおいしいよ／

トマトのポン酢サラダ

材料

トマト …… 1個

ポン酢 …… 大さじ1

ごま油 …… 小さじ1

かつおぶし …… 適量

作り方

くし形に切ったトマトを器に盛り、ポン酢、ごま油をかける。お好みでかつおぶしをのせる。

＼10分できちんと漬物！／

大根で即席カクテキ

材料

大根 …… 10㎝
塩 …… 小さじ½
コチュジャン …… 小さじ½
にんにくチューブ …… 2㎝
しょうがチューブ …… 2㎝
ごま油 …… 小さじ1

作り方

1.5㎝角に切った大根をボウルに入れ、塩を加えて混ぜ合わせる。**10分**置いて水気を捨てる。残りの材料をすべて加えて和える。味をみて、塩（分量外）で味を調える。

＼湿気たのりでも大丈夫♪／

白菜のしっとりサラダ

材料

白菜 …… 1枚
酢 …… 小さじ1
ごま油 …… 小さじ1
サラダ油 …… 小さじ1
塩 …… ひとつまみ
しょうゆ …… 少々
のり …… ¼枚
ごま …… 適量

作り方

白菜は**縦半分**にしてから、**1㎝幅**に切る。ボウルに白菜、酢、油（ごま油・サラダ油）を加えて混ぜ合わせる。その後、塩としょうゆを加えてさっと混ぜ、**食べやすいサイズ**にちぎったのりをのせる。お好みでごまをふる。

\ピリ辛がたまらない/

もやしのカレーナムル

材料

もやし …… ½袋
カレー粉 …… 小さじ⅓
にんにくチューブ …… 2㎝
サラダ油 …… 小さじ1
塩 …… ひとつまみ

作り方

もやしはサッと洗って耐熱ボウルに入れ、レンジで**1分30秒〜2分**、火が通るまで加熱する。水気を切り、残りの材料を加えて混ぜる。

\ほどよい酸味が食欲そそる/

レンチンなすの中華風

材料

なす …… 1本
ごま油 …… 小さじ1
めんつゆ（3倍濃縮）…… 小さじ2
酢 …… 小さじ1

作り方

なすは**縦半分**にして、**1㎝幅**に切る。ラップに包んでレンジで**1分30秒**加熱し、器にのせて残りの材料をよくからめる。

にんじん本来の味を楽しんで！

大ぶりにんじんラペ

材料

にんじん……½本
塩……ひとつまみ
オリーブオイル……小さじ１と½
レモン果汁……小さじ½

作り方

にんじんは**５㎜幅**の細切りにし、耐熱容器に入れてレンジで**１分**加熱する。水気を切り、塩を加えて混ぜ合わせ**５～10分**、お好みの硬さになるまで置く。再度水気をしっかり切り、オリーブオイルとレモン果汁を加えて混ぜ合わせる。

温・冷どちらもおいしい

きのこのレンチンアヒージョ

材料

お好みのきのこ（ここではしめじを使用）……50g
オリーブオイル……大さじ１
にんにくチューブ……３㎝
塩……ひとつまみ

作り方

耐熱容器に**食べやすいサイズ**に切ったきのこ、オリーブオイル、にんにくチューブを入れ、レンジで**１分**加熱する。一度レンジから取り出して混ぜ合わせ、再度レンジで**30秒**加熱し、塩で味を調える。

COLUMN

「0.7食」時代到来。もう"満腹・てんこ盛り"の時代ではない

私は、料理するのは大好きですが、元々、お腹いっぱい食べるのは苦手でした。例えば、コース料理でおいしい料理をたくさんいただいても、最後に満腹になりすぎると、すべてが台無しになったような気持ちになるんです。だから、普段の料理はいつも「軽めし」です。

「ホットペッパーグルメ外食総研」は、一回の食事量を少し抑えた「０．７食」というキーワードを発表しました※。おうち時間が増えたことで活動量が減り、食事量も減るのは自然なことですが、そもそも、大人の「３食ガッツリ」は、食べすぎだったのでは、とも思うのです。

日本には昔から「腹八分目」という言葉がありますが、さらに少ない七分目ご飯。私にはとても腑に落ちる量です。

今は栄養不足より栄養過多、塩分や糖質・脂質過多の病気で不調を来す人が多い時代。習慣や惰性で食べるのではなく、この機会に、自分にとっての適量を考えてみるのも大切なことではないでしょうか。

※「軽食の新トレンドに関するレポート」ホットペッパーグルメ外食総研より
https://www.hotpepper.jp/ggs/trend/article/trend/20210615（2021年6月11日）

第2章

軽いのがいいけどガツンとしたやつ教えてください！

少なくていい。
でも、ちょっと元気が出るような
パンチのあるもの食べたい！

そんな日もありますよね。

ここでは、肉や魚介を使った
しっかりめの味付けで、
少量ながら満足感のある
レシピをご紹介！

レンジで作れる本格カレーに、
ご飯は少なめだけど
具がいっぱいのチャーハン、
ほったらかしで作れる肉豆腐などなど。
簡単なのにパワーが出て、
見た目も華やかなご飯が目白押し。

「お腹空いた！」
「まだまだ頑張らないと！」
ここぞのときの〝ちょこっと気合めし〟に、
うってつけの一皿です。

鹹豆漿《シェントウジャン》風の煮麺《にゅうめん》

遅い朝
サラリ食べたい
アジアめし

そうめんが見事に変身！

鹹豆漿《シェントウジャン》は、台湾の朝ご飯の定番。
休日の朝なんかに、
ササッと作って食べれば
自己肯定感、爆上がり！
スープをレンチンで準備したら、
あとはそうめんをゆでるだけ。
豆乳と酢だけで、
一気にアジアンテイストになるから
不思議です。

材料（１人前）

無調整豆乳 …… １カップ
干しエビ …… 大さじ２（６ｇ）
そうめん …… 50ｇ
カットねぎ …… 15ｇ

調味料
A
めんつゆ（３倍濃縮）…… 大さじ２
酢 …… 小さじ２

おすすめトッピング
ラー油 …… 適量

台湾にトリップした気分！

ザーサイを加えると
さらに本格的な
味わいに

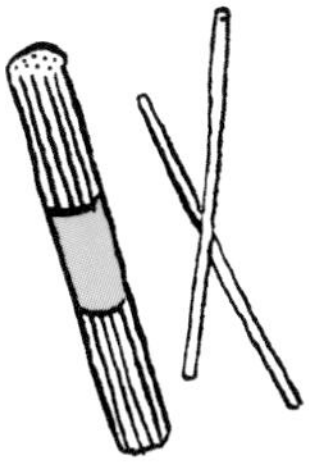

作り方

1　盛り付け用の深めの耐熱皿に豆乳、干しエビと**A**を入れてレンジで**２分**加熱する（ラップは不要）。

2　そうめんを**表示時間どおり**にゆでてザルでしっかりと水気を切り、**1**に入れる。ねぎを散らし、お好みでラー油をかける。

トマトと豚バラのオイスター焼きそば

冷蔵庫
余った蒸し麺
味変に

焼きそばが華麗に転身！

冷蔵庫にポツンと残った、
蒸し麺1つ。
「また同じ味付けにするの？」
と思ったら、ぜひこれを試してみて。
ソース焼きそばもおいしいけれど、
にんにくが効いた
ガツンとした味わいも
またいいんです。

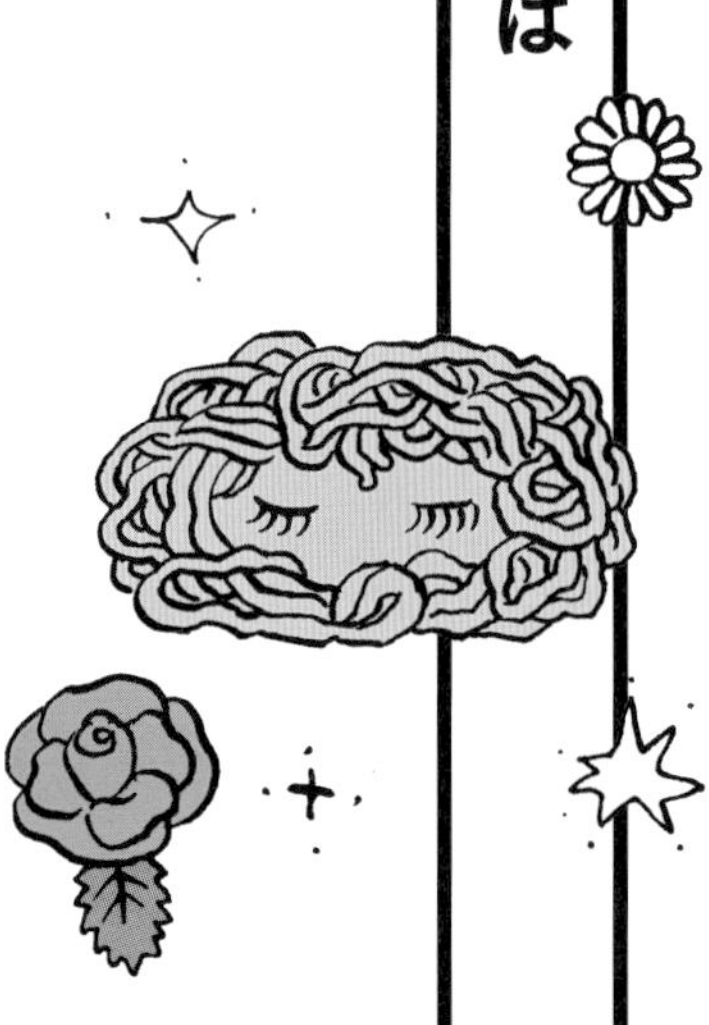

材料（1人前）

ミニトマト……8個（95g）
豚バラ薄切り肉……50g
中華蒸し麺……1袋（150g）
調味料
　にんにくチューブ……3cm
　オイスターソース……大さじ1
炒め用油
　サラダ油……小さじ1

青ねぎを散らせば
さらに色よし
香りよし

作り方

1 ミニトマトは**縦半分**、豚肉は**3cm幅**に切る。

2 フライパンに油をひき、豚肉を入れて**2分**ほど、あまり触らずに両面を**中火**で焼く（※）。そこへ中華蒸し麺、水**大さじ1**、ミニトマト、にんにくチューブを加え、フタをして**2分**蒸す。途中、一度フタを外して全体を混ぜ合わせる。

3 オイスターソースを加え、サッと混ぜる。

※食材や工程によっては、あまり触らず、置きっぱなしで焼いたほうが、熱がきちんと入り、うまみが逃げにくい（鉄板焼きの要領で！）。

豚バラのポン酢チャーハン

食べごたえあるけど胃にはもたれない

ご飯少なめ！

午後も仕事がみっちりで、
眠くなりたくない。
帰宅が遅くて、
あまり重いものは食べたくない。
でもエネルギーは補給したい！
こちらは、そんなときの食事に
ぴったりのチャーハン。
ご飯が普通のレシピの
3分の2くらいだから、
サクッと食べられます。

材料（1人前）

豚バラ薄切り肉……50g
お好みのきのこ（ここではまいたけを使用）……100g
小松菜……1株（50g）
ご飯……茶碗に軽く1杯分（100g）
調味料
ポン酢……大さじ1
塩・こしょう……適量

豚の脂に
ポン酢の酸味が
ほどよくマッチ！

作り方

1 具材はすべて**1cm幅**に切る。フライパンに豚肉を入れて**中火**で**4〜5分**、途中裏返す以外はあまり触らず、カリカリになるまで焼く（残った脂が気になる場合は少し拭き取る）。

2 きのこと小松菜を加えて**1分**炒め、ご飯を入れてほぐしながら**2分**炒める。

3 ポン酢を加え、水分が飛ぶまでさらに炒める。塩気が足りなければ塩で調整して仕上げにこしょうをふる。

青ねぎや
卵のトッピングも
おすすめ

とうもろこし缶で作るチャーハン

やってみて！粒がはじけるＮＥＷチャーハン

彩り軽やか！

チャーハンも
「お手軽めし」の代表選手だけど、
いつも同じだと飽きちゃう……。
そんなときは、
甘味＋酸味、
甘味＋苦味、
カリカリ＋ふんわり、
など、味や食感の掛け合わせで、
いろんな食材にチャレンジしてみて。

材料（１人前）

とうもろこし缶 …… 小１缶（55ｇ）
ピーマン …… ２個（50ｇ）
ベーコン …… ハーフサイズ４枚（60ｇ）
ご飯 …… 茶碗に軽く１杯分（100ｇ）

調味料
しょうゆ …… 小さじ2

おすすめトッピング
こしょう …… 適量

とうもろこしのプチプチ食感が楽しい！

作り方

1　とうもろこし缶は汁気を切り、ピーマンとベーコンは**1㎝角**に切る。

2　フライパンに**1**を入れ、**中火**で**2分30秒〜3分**炒める。

3　ご飯を入れて**1分**炒め、しょうゆを加えてざっと混ぜ合わせる。仕上げにお好みでこしょうをふる。

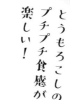

簡単ポキ丼風

急いでもこれなら絶対味決まる

切って混ぜるだけ!

ハワイ生まれのポキ丼は、
日本はもちろん、
アメリカやヨーロッパでも大人気。
それだけ人類が好きな味
ということですよね。
でもこれ、材料切って調味料と
混ぜるだけなので、めちゃ簡単。
絶対に味が決まるので、
時間がないときにもおすすめ。
もちろん刺身パックでもOKです。

材料（1人前）

マグロの柵……１００g
玉ねぎ……¼個（50g）
ご飯……茶碗に軽く1杯分（１００g）
のり……¼枚（全形の¼）
※お刺身なら何でもOKですが、白身魚より赤身魚がおすすめ

調味料
しょうゆ……小さじ2
══A══
砂糖……小さじ½
ごま油……小さじ½

おすすめトッピング
わさび……適量

作り方

1　マグロは**2㎝角**に、玉ねぎはみじん切りにする。ボウルにマグロと玉ねぎを入れ、**A**を加えて混ぜ合わせる。

2　器にご飯を盛り、**1**をのせる。上からのりをちぎってのせ、お好みでわさびを添える。

一晩漬けるとさらに味が染み込む！
マグロはサーモン、玉ねぎはアボカドにしても

シーフードレンチンカレー

煮込んだの？いえいえレンジで7分間

ボウル1つでできる！

材料全部をボウルに入れて、
レンチンするだけで
シーフードカレーの完成です。
食材にほぼ触れずにできて、
鍋もまな板も使わないから
片付けもラク。
なのに、
味は本格的でびっくりするはず。
騙されたと思ってやってみて！
のレベルです。

残ったトマト缶は
別の料理（60ページ）に使って

まるで煮込んだ
カレーみたい！

作り方

1　シーフードミックスはサッと洗って耐熱容器に入れ、レンジで**2分30秒**加熱する（ラップは不要）。

2　**1**にトマト缶とヨーグルトと**A**を加えてレンジで**4〜5分**、シーフードミックスに火が通るまで加熱する。レンジから取り出し、よく混ぜ合わせる（熱いので気をつける）。

3　器にご飯を盛り、**2**をかける。

材料（カレーは2人前）

シーフードミックス（冷凍）
……150g

カットトマト缶
……½缶（200g）

無糖ヨーグルト
……約½カップ（100g）

ご飯……茶碗に軽く1杯分（100g）

※プリンサイズの小さなヨーグルトなら
使い切れるのでおすすめ

調味料

A
- カレールー……3かけ（60g）
- しょうがチューブ……10㎝
- にんにくチューブ……10㎝

サバ缶丼

缶詰で魚料理を始めよう

味付けも缶詰にお任せ！

「魚料理って
ハードル高いんだよなぁ」
という人はまず、
缶詰料理からトライしてみては？
みそ煮缶を使えば、
味もすぐ決まります。
野菜と一緒に
蒸し焼きにするだけで、
ほら、立派な一品に早変わり。

材料(1人前)

ピーマン …… １個(25ｇ)
サバみそ煮缶 …… ½缶(70ｇ)
ご飯 …… 茶碗に軽く１杯分(100ｇ)

調味料
　しょうがチューブ …… 10㎝

炒め用油
　サラダ油 …… 小さじ１

甘いのが苦手な人は
お好みで酢や
レモン汁を加えて

作り方

1　フライパンに油と、手で**ひと口大**にちぎったピーマンを入れ、**中火で２分**炒める。

2　一旦火を止め、汁を切ったサバ缶を入れてほぐし、しょうがチューブを加えてフタをし、**中火で30秒〜１分**蒸し焼きにする。途中、フタを押さえたままフライパン全体を揺らして混ぜる。

3　器にご飯を盛り、**2**をのせる。

ピーマンのほかに
キャベツ、なす
薄切りのれんこんも
相性◎

ガーリックシュリンプライス

冷凍エビ解凍なしでいっちゃおう

あっという間にカフェご飯

解凍って
何気にめんどくさいですよね。
じつは、
蒸したり煮たりする料理では、
解凍はしなくてOK!
そのまま入れてしまいましょう!
凍っていたときの水分が溶け出し、
一緒に入れた野菜も
うまいこと蒸してくれますよ。

材料(1人前)

ブロッコリー……1/3個(50〜60g)
むきエビ(冷凍)……100g
ご飯……茶碗に軽く1杯分(100g)
調味料
にんにくチューブ……5cm
A オリーブオイル……大さじ1
A レモン果汁……小さじ1
塩……ひとつまみ
炒め用油
サラダ油……小さじ1
おすすめトッピング
こしょう……適量

ブロッコリーをトマトにしても
にんにくが効いて見た目もお腹も満足の一皿！

作り方

1 ブロッコリーは小房に分け、エビはサッと水にさらす。フライパンに油、ブロッコリー、凍ったままのエビ、**大さじ1**の水を入れてフタをし、**中火**で**3分**蒸す。

2 水気が飛んだら**A**を加えて**1分**ほど炒め、塩を加える。

3 器にご飯を盛り、**2**をのせる。お好みでこしょうをふる。

トマトとハムのリゾット

レンチンのリゾットシリーズトマト編！

（レンチンリゾット第3弾）

ご飯なくても焦りません

「生米からリゾット」シリーズ、
第3弾は、見た目にも華やかな
カフェご飯風にしてみました。
「疲れたなぁ」
「ご飯炊く元気もない」
そんな日に、
こんな料理がレンジから出てきたら
ちょっと嬉しくなりますよね。

材料（１人前）

- 生米……1/3合（50g）
- カットトマト缶……1/2缶（200g）
- ハム……３枚（40g）
- 温泉卵……１個
- 調味料
  - 顆粒コンソメ……小さじ1/2
  - 砂糖……小さじ1/2
  - 塩……ひとつまみ
  - （以上Ａ）
  - オリーブオイル……小さじ１～２

温泉卵の代わりに
チーズでもＯＫ！
コクがプラスされます

作り方

1 深さ６㎝以上の耐熱容器に米、水**150㎖**を入れ、レンジで**８分**加熱する（ラップは不要）。

2 容器を取り出してよく混ぜ合わせる（熱いので気をつける）。トマト缶とＡを加えてさらによく混ぜ、レンジで**５分**加熱する。ハムは**１㎝角**に切る。

3 容器を取り出してよく混ぜ合わせ、ハムを加える。さらに**３分**加熱したあと、器に盛り、温泉卵をのせてオリーブオイルをたらす。

生米はレンチンしたら、
よく混ぜます。

ほったらかし肉豆腐

放り込みあとはほっとくけど絶品！

時間が料理してくれます

煮物系は、放っておけるのが魅力。
汁気もあるので、焦げません。
煮ている間に、
小さな家事や細々したことを済ませ、
時間が料理してくれたものを
食べる幸せ。
そんなちょっとしたゆとりも、
最高のご馳走です。

材料（2人前）

豚ひき肉 …… 100g

木綿豆腐 …… 150g

長ねぎ …… 1本（100g）

しいたけ …… 3個（70g）

調味料

ーＡー

しょうゆ …… 大さじ1と½

ーＡー

みりん …… 大さじ1と½

酒 …… 大さじ1と½

おすすめトッピング

七味唐辛子 …… 適量

白菜やしらたき
ほかのきのこを
使っても◎

作り方

1 豆腐、ねぎは食べやすいサイズに、しいたけは食べやすいサイズに、しいたけは1.5cm幅に切る。

2 鍋にねぎ→しいたけ→豚肉→豆腐の順に入れ、Ａを加えてフタをし、中火で4分加熱する。

3 豆腐が崩れないように優しくひと混ぜし、弱火に落として6分煮る。器に盛り、お好みで七味唐辛子をふる。

白いご飯にのせて
食べるのが最高！

チャチャッと部屋着スイーツ

サクッと甘いものが食べたい、ひと手間で。
くつろぎタイムにベストな部屋着スイーツ、大集合です♪

※材料はすべて、作りやすい分量です。

＼ちょっとかければ一気に大人味！／

みりんで高級アイス

材料

バニラアイス …… お好みの量
みりん …… お好みの量

作り方

バニラアイスにみりんをかけるだけ！

＼ミキサーなくてもできるよ／

お手軽フルーツラッシー

材料

無糖ヨーグルト …… 約½カップ
牛乳 …… 50mℓ
お好きなジャム …… 小さじ２〜３

作り方

すべての材料をビンに入れ、フタをしてふるか、ボウルに入れて泡立て器で混ぜ合わせる。器に盛り、仕上げにジャム（分量外）を少量のせる。

＼余りがちな餅を活用！／

黒ごまとはちみつのぽってり餅

材料

餅 …… １個
黒すりごま …… 小さじ１
はちみつ …… 小さじ１

作り方

餅は水でサッと濡らし、耐熱皿に入れてレンジで**40～50秒**、ふくらむまで加熱する。器に盛り、ごまとはちみつを上からかける。

＼こしょうが絶妙！／

大人のハニーチーズトースト

材料

食パン …… １枚
クリームチーズ …… １～２個
はちみつ …… お好みの量
こしょう …… お好みの量

作り方

食パンを**６等分**に切り、クリームチーズをちぎってのせ、こんがりするまでトースターで焼く。器に盛り、はちみつ、こしょうをかける。

COLUMN

料理って、
自己肯定感
バク上がり！

自炊は「絶対に倒れないジェンガを積み重ねる行為」と、私はいつも言っています。今日自分が料理をしたことは、誰かに盗まれることはないし、消えることもない。勉強や筋トレも同じですが、「食べる」という根源的な行為と結びついた料理は、人に、より生き物としての自信をつけてくれるものだと思っています。

もし、もっと多くの人たちが日常的に料理をし、「あー、おいしかった。イヤなこともあったけど、自分のご飯に癒された。さて、お風呂入って寝よっ」とできるようになったら、世の中けっこう変わるんじゃないでしょうか。料理できない、片付けできない、病院にも行けない……今の世の中、自分のことを後回しにする人があまりに多すぎませんか。

料理ほど日々の自分をメンテナンスし、大事にできる行為ってほかにないと思うんです。だから私は、少しでも多くの人に料理してほしい。楽しんでほしい。そのためには、料理をうんと簡単にする必要がありますね。
いいんですよ、簡単で。「軽めし」をスタンダードにしましょうよ。

第3章

糖質少なめご飯ありますか？

食べすぎちゃった日の翌日、
ちょっぴり体重増加が気になる。
まだ仕事がたくさんあるから
眠くなるご飯は困る。

もちろん、こんなときも
軽めしの出番!
単に軽いだけでなく、
糖質少なめご飯を集めました。

米や麺類などの糖質を抑えることで、

太りにくく、眠くなりにくい
メニューになっています。

そうそう、
ダイエットや眠気防止には、
〝ゆっくり食べる〟も効果大。
チャチャッと作れる「軽めし」だからって
チャチャッと急いで食べる必要はなし。
むしろ、短い調理で時間が浮いた分、
ゆっくり食べてくださいね。

しらたきのビーフン炒め風

しらたきは伸びず低カロ優秀麺

驚くほどビーフン!?

鍋やおでんのイメージが
強いしらたきですが、
伸びないし、低カロリーだしと、
じつは超優秀。
中華風の味付けにすれば、
あら不思議、
ほとんどビーフンです!
これ、どんどん
活用しない手はないですよ。

材料（1人前）
しらたき……1袋（約200g）
ハム……4枚（50g）
ピーマン……2個（50g）
調味料
A しょうゆ……大さじ½
A 酒……大さじ1
A オイスターソース……大さじ½
こしょう……適量
炒め用油
ごま油……小さじ1

作り方

1　しらたきは**食べやすいサイズ**に、ハムとピーマンは**1cm**幅に切る。

2　しらたきとごま油をフライパンに入れ、**中火**で**3分**炒める。

3　ハム、ピーマン、Aを加えてフタをし、**2分**蒸し焼きにする。仕上げにこしょうをふる。

しっかりめの味付けだからちゃんと満足感あり

干しエビ、キャベツ、にんじんなどを使っても◎

豚バラとキムチの春雨スープ

春雨を
わずかに足せば
満足感

糖質はちょっとだけ

小分けパックでも
よく売られている春雨は、
少しだけ糖質がほしいな、
というときの
「ちょい足し」にもってこい。
好きな量を好きな分だけ。
ポイッと投入できる手軽さも、
大きな魅力です。

材料（2人前）

豚バラ薄切り肉 …… 100ｇ
緑豆春雨 …… 40ｇ
お好みのきのこ（ここではしめじを使用）…… 50ｇ
キムチ …… 50ｇ
カットねぎ …… 15ｇ

調味料
　鶏がらスープの素 …… 小さじ１
　オイスターソース …… 小さじ１
　塩 …… ひとつまみ

作り方

1　鍋に水**400㎖**を沸かす。豚肉は**2㎝幅**に切る。沸騰したら鶏がらスープの素、豚肉、春雨を入れて**中火**で**3分**煮る。きのこは**食べやすいサイズ**に切る。

2　**1**の鍋にきのこ、キムチ、オイスターソースを加え、**弱火**で**2分**煮る。塩を加えて味を調える。

3　器に入れ、ねぎを散らす。

豆乳を加えても
おいしい！

レンチン肉サラダ

豚肉もレンジ加熱でいってみよー

サラダな顔して肉料理！

このお肉、フライパンや鍋などで
加熱していそうな雰囲気ですが、
じつはレンチンです。
ご飯の上ではなく、
カット野菜の上にのせれば
豚丼が豚肉サラダに。
熱い肉と和えることで、
野菜もしんなり食べやすく。
軽く食べられるヘルシーな一品です。

材料（1人前）

豚バラ薄切り肉……100g
カット野菜……1袋（120〜140gほど）

調味料

A
しょうゆ……小さじ2
酒……小さじ2
砂糖……小さじ1
しょうがチューブ……3㎝
にんにくチューブ……3㎝
ごま油……小さじ½

レモン果汁……小さじ1〜2
塩・こしょう……適量

作り方

1 豚肉はキッチンバサミで**3**㎝**幅**に切りながら耐熱容器に入れ、**A**とよく和える。ラップをし、レンジで**2分30秒**加熱する。

2 **1**にカット野菜とレモン果汁を混ぜ合わせ、塩・こしょうで味を調える。

サラダと思って食べると
いい意味で裏切られる！

レンチン！タルタルサラダ

サラダチキンヘビーユースでいいと思う

タルタルも時短でいこう

市販のサラダチキン、便利ですよね。
手軽だし、栄養価高いし、
言うことなし！
そのまま食べてもいいけれど、
こうやって
料理に取り入れちゃっても
いいと思います。
使えるアイテムは、
どんどん使っていきましょう。

材料（1人前）

ブロッコリー……½個（80g）
卵……1個
サラダチキン……1パック（100g前後）
調味料
　マヨネーズ……大さじ1
　にんにくチューブ……2cm
塩……少々

おすすめトッピング
こしょう……適量

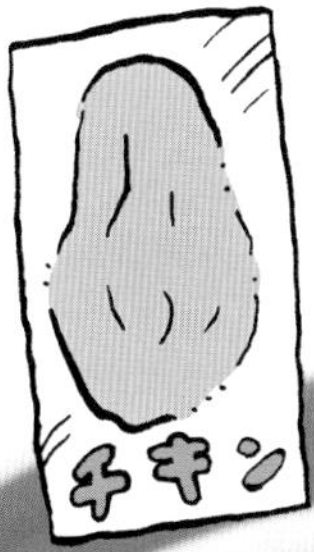

サラダチキンに飽きたら
ゆでたむきエビで作ってみて

作り方

1 ブロッコリーは小房に分け、サッと水で濡らして耐熱容器に入れる。レンジで**2分**加熱後、ボウルにあけ、水にさらして冷やす。冷めたら、キッチンペーパーなどでしっかり水気を切る。

2 卵を**1**で使った耐熱容器に割り入れ、黄身に箸を刺してからレンジで**50秒**加熱する（※）。卵をフォークや泡立て器で潰し、マヨネーズを加える。

3 **2**に手で**食べやすいサイズ**にちぎったサラダチキン、**1**とにんにくチューブを加え、ザッと混ぜ合わせる。塩で味を調え、お好みでこしょうをふる。

※黄身は穴を開けないと破裂するので、必ず箸などで刺しておく。

こんにゃく麺の冷やし中華

ゆで不要
カロリー1割
伸びもせず

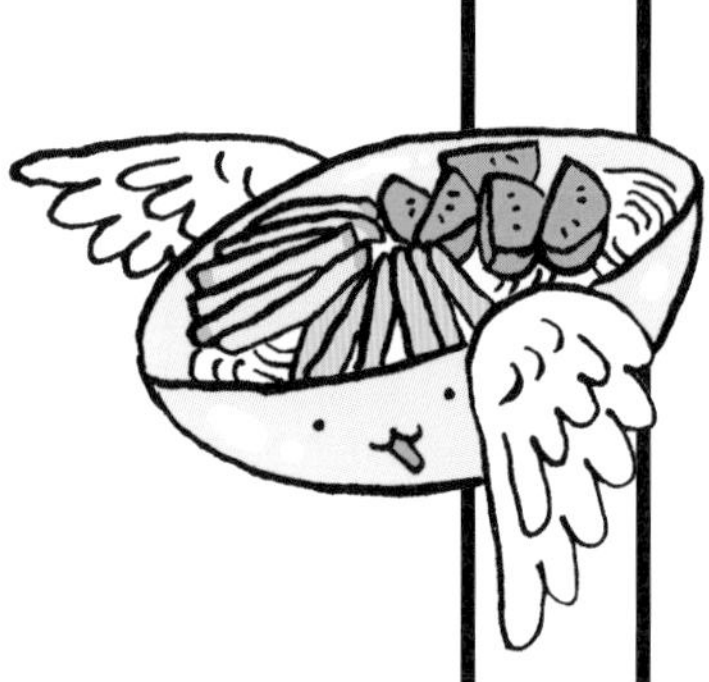

さりげなくヘルシー

こんにゃく麺のカロリーは
中華蒸し麺の約10分の1。
しかも、ゆでなくていい、
当然伸びもしない。
食べてみると、
冷やし中華そのもの（笑）。
元々軽～い冷やし中華が、
さらに軽めしになりました。
少しさっぱりした食感が、
クセになるかも。

材料（1人前）

こんにゃく麺
（ここでは「糖質オフ麺」を使用）
……1袋（180g）
ハム……2枚（25g）
きゅうり……½本（75g）
ミニトマト……4個（50g）
調味料
酢……大さじ2
═A═ 砂糖……大さじ½
鶏がらスープの素……小さじ½
しょうゆ……大さじ1と½
ごま油……小さじ1

おすすめトッピング
白ごま……適量

作り方

1 耐熱容器に**A**を入れてレンジで**20秒**加熱し、砂糖と鶏がらスープの素を溶かす。そこへ、しょうゆとごま油も加えて混ぜる。

2 ハム、きゅうりは細切り、ミニトマトは**4等分**にする。

3 器に水気をしっかり切ったこんにゃく麺を盛り、**2**を上にのせ、**1**をかける。お好みでごまをふる。

具材は薄焼き卵、わかめ、もやし、紅しょうがもおすすめ

塩鮭と野菜のレンジ蒸し　中華ソース

調理から食べるときまで一皿で

洗い物が軽い！

すべての材料をお皿にのせてレンジへ！
だから、包丁もまな板も、グリルも汚れません。
魚は水分が多いので、元々レンジ調理向き。
レンジなら、匂いも気になりませんしね。
その日安かった魚の切り身で作ればOKですよ。

材料（１人前）

甘口塩鮭……１切れ（70ｇ）
にら……３本（15ｇ）
もやし……½袋（100ｇ）
＝A＝調味料
ポン酢……大さじ１
ごま油……小さじ１

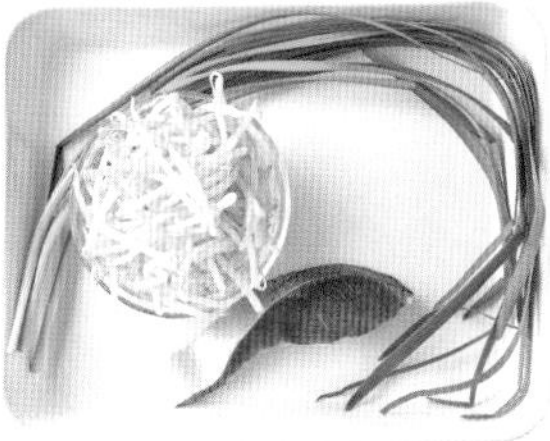

ポン酢の酸味が絶妙。蒸すと身がやわらかく仕上がるのも◎

たらや鯛もおすすめ！

作り方

1　にらは、キッチンバサミで**食べやすいサイズ**に切る。盛り付け用の耐熱皿に、にらともやしの**半量**を置く。鮭をのせ、残りのにらともやしをかぶせる。

2　**1**にラップをふんわりとかけて、レンジで**2分30秒〜3分**加熱する。

3　かぶせた野菜から鮭を出して、野菜の部分にAをかける。

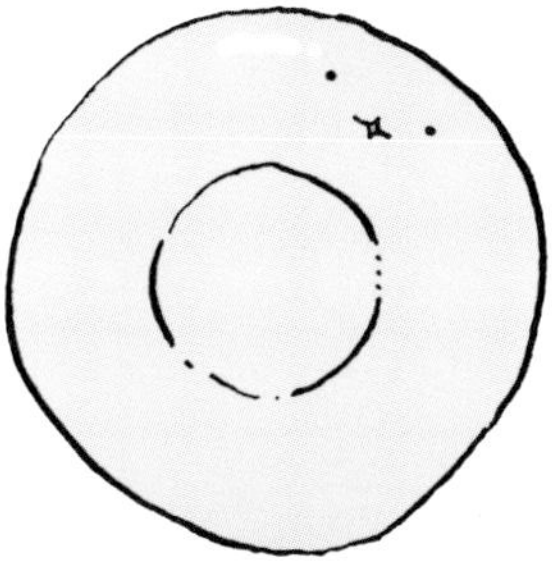

ウィンナーときのこのホイル焼き

洗い物嫌いなあなたにまずはコレ

フライパンを使うけど汚れない!

ホイル焼きって、フライパンもお皿もほぼ汚れないし、じつはかなり便利。いろんなものに応用できます。そのまま食べられる食材や火が通りやすいタンパク質食材と野菜なら、何でもいけちゃいます。ホイルを開くときのわくわく感もいいですよね。

材料（1人前）

ウインナー……４本（70ｇ）
お好みのきのこ
……100ｇ（２種類あるとよい。ここではまいたけとえのきだけを使用）
ほうれん草……２株（70ｇ）
調味料
バター……５ｇ

おすすめトッピング
レモン果汁……適量
しょうゆ……適量

作り方

1 30㎝ほどに切った２枚のアルミホイルを十字になるようセットする。その中央に、**半分**に切ったウインナー、小房にほぐしたきのこ、**３㎝幅**に切ったほうれん草をのせ、その上にバターを**２〜３個**に割ってのせる。

2 ホイルをきっちりと包んでフライパンの上に置き、まわりに水**50㎖**を注ぐ。フタをして、**中火**で**５分**蒸し焼きにする。

3 さらに、**弱火**に落として**７分**焼く。湯気に注意しながら具合を確認し、火が通っていたらホイルごと平皿にのせる。お好みでレモン果汁やしょうゆをかける。

さっぱり味がいい人はポン酢でやってみて！

そうめんつけダレ　変わり種４選

軽い麺
もっとおいしく
食べ尽くす

いつものに飽きたら

そうめんといえば、
これもお手軽ご飯の代表格。
でも、いつもめんつゆだと、
飽きちゃいますよね。
そんなときは、
つゆをガラッと変えてみて。
ここに挙げたレシピは、
そばやうどんにも使えます。
気になったものから、
ぜひお試しを。

豆乳みそ ▶▶

材料（１人前）

無調整豆乳 …… 50mℓ

みそ …… 大さじ１

めんつゆ（３倍濃縮）…… 小さじ１

作り方

すべての材料を、よく混ぜ合わせる。

◀◀ 鶏がらスープの素・青ねぎ

材料（１人前）

鶏がらスープの素 …… 小さじ２

カットねぎ …… 15ｇ

ごま油 …… お好みの量

作り方

鶏がらスープの素と水**大さじ４**を混ぜてレンジで**30秒**温め（ラップは不要）、カットねぎとごま油を加える。

玉ねぎ・めんつゆ・オリーブオイル ▶▶

材料（１人前）

玉ねぎ（みじん切り）…… 大さじ２

めんつゆ（３倍濃縮）…… 大さじ２

オリーブオイル …… 小さじ１

作り方

すべての材料に、水**大さじ２**を入れて混ぜ合わせる。

◀◀ 梅干し・大葉・ポン酢

材料（１人前）

梅干し（種を除いて梅肉をほぐす）…… １個

大葉（ちぎる）…… ２枚

ポン酢 …… 大さじ１

めんつゆ（３倍濃縮）…… 大さじ2

作り方

すべての材料に、水**大さじ２〜３**を入れて混ぜ合わせる。

※ポン酢の味の濃さによって水の量を調整してください。

※梅干しは梅肉チューブでもOKです。

焼くだけがおいしい一品

「ただ焼くだけでこんなにおいしいの!?」そんな素材がじつはたくさんあるんです。ぜひお試しを！

※材料はすべて、作りやすい分量です。

＼皮、付いてるほうがおいしいじゃん！／

れんこんのシンプル塩焼き

材料

れんこん …… 1節
オリーブオイル …… 小さじ2
塩 …… 適量

作り方

れんこんは皮付きのまま**1㎝幅**の輪切りにする。フライパンにオリーブオイルをひいてれんこんを並べ、フタをする。**中火**で**4分**焼き、裏返して**弱火**で**3～4分**焼き、塩をふる。

＼ちょっぴりパンチを利かせて／

オクラのにんにくじょうゆ焼き

材料

オクラ …… 1パック
にんにくチューブ …… 2㎝
しょうゆ …… 小さじ1
サラダ油 …… 小さじ1

作り方

オクラはガクを取るか、ヘタを落とす。フライパンにオクラを入れ、にんにくチューブと油も加え、フライパンの中でよく混ぜ合わせる(※)。**中火**で**4分**ほどあまり触らずに焼き、焼き目をつける。火を止めてしょうゆを回しかけ、サッと混ぜる。

※こうすると油はねが起きにくい。

ご飯にのせれば
もうご馳走♪

しらすのおめかし目玉焼き

材料

しらす…… 大さじ４～５
卵…… １個
しょうゆ…… 適量
サラダ油…… 小さじ１

作り方

フライパンに油をひき、**中火**で**１分**ほど熱する。しらすを、土手を作るイメージで輪の形に置き、真ん中に卵を割り入れる。**弱火**で**５分**ほど焼き、しょうゆで味を調える。

止まらなくなること請け合い

枝豆のチーズカリカリ焼き

材料

冷凍枝豆…… 20粒
ピザ用チーズ…… ひとつまみ

作り方

枝豆は解凍し、サヤ入りの場合はサヤから出す。フライパンに、**直径４㎝**ほどの円を２つ作るイメージで、チーズを軽く広げて置き、その上に枝豆をのせる。フタをして**中火**で**３分**焼く。火を止めて**３分**置き、チーズが固まったら器に盛る。

COLUMN

「ズボラ」「手抜き」って言うの、もうやめません？

短時間で簡単にできる料理というと、とかく「ズボラ料理」とか「手抜きレシピ」とか言われてしまう。でも、それっておかしくないですか？　料理しているだけで十分ですし、全然手抜きじゃないですよね。

まず知ってほしいのは、日本は家庭料理のレベルがめちゃくちゃ高いということ。こんなにいろんな料理を食卓に出している国はほかにありません。でも、日々の料理はもっとシンプルでいいと思うんです。

素材を選ぶのが苦手なら宅配に頼ればいいし、野菜を切るのがイヤならカット野菜や冷凍野菜を使えばいい。味付けが負担なら出来合いの調味料を使ったっていい。そういうものを使ってもいいから、日々キッチンに立ち続けることのほうが大事だと、私は思っています。

何でもオールマイティにできる必要なんてない。好きなことや得意なことを思い切り活かして、やりたくないことや苦手なことは外に頼りましょう。

今日もキッチンに立った。それだけでもう十分自分を大切にしているし、自分をほめてあげてほしいと思うのです。

第4章

夜遅くても食べやすいのがいいな

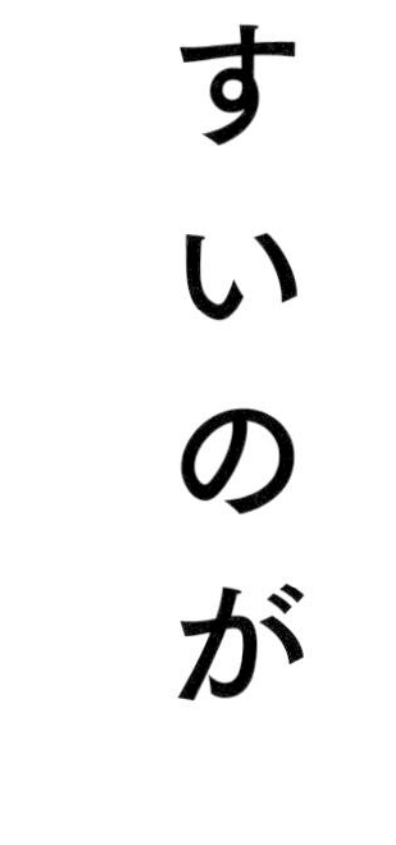

帰ってきたらこんな時間。
すぐ寝ないとだけど、
少しお腹に入れておきたい。

でも、満腹になりすぎて
寝つきが悪くなるのはイヤ。
明日の朝に残るのもイヤ。
寝る前だから、胃腸に優しいのがいいな。

そう、そんなときの「THE軽めし」。
お腹に優しく、

深夜に食べても罪悪感がない、
とびっきり軽いのをご用意しました。

ツルッと食べられる麺類や、
優しさが染みるおじやなど、
気持ちもほっこりすること間違いなし。

ちょっぴり体が弱っているときや
飲んだあとのシメなんかにも
おすすめですよ。

梅おろしぶっかけうどん

「今日はただ優しくしてよ」そんな日に

心と体にしみわたる

うどん、大根、梅干し……
お腹に優しいトリオが
疲れたあなたを
きっと癒してくれます。
大根に入っている消化酵素が
消化を助けてくれるのも魅力。
おいしくて体に優しいなんて、
最高すぎる。
食べると「ありがたい……」っていう
気持ちになります。

材料（1人前）

冷凍うどん……1袋
大根……5cm（100g）
梅干し……1個
かいわれ……適量
調味料
めんつゆ（3倍濃縮）……大さじ2

おすすめトッピング
白ごま……適量

わかめ、ちくわ、しらす、天かすを加えてもおいしい

かいわれの代わりにねぎや大葉でも

作り方

1　冷凍うどんを袋から取り出し、盛り付け用の耐熱深皿に入れ、**表示時間から1分引いて**レンジで加熱する（ラップは不要）。大根はすりおろす。

2　**1**のうどんに、汁ごとの大根おろし、めんつゆを加えてレンジで**1分**加熱する。梅干しは種を除き、かいわれは**食べやすいサイズ**に切る。

3　レンジから取り出してよく和え、梅干しとかいわれをのせ、お好みでごまをふる。

温泉卵のみそおじゃ

「コンビニのご飯じゃ違う」そんな日に

Theほっこり家ご飯

お腹空いてるけど、
コンビニ寄るより直帰したい。
でも、凝ったご飯は作れない。
そんなときこそコレ。
作った自分、ほめてあげて。
風邪をひいた日も、
これなら作れそう。

材料（1人前）

ご飯……茶碗に軽く1杯分（100g）
かつおぶし……4g
温泉卵……1個
※温泉卵は生卵でもOK
調味料
みそ……大さじ1

生卵の場合も
最後にのせ
混ぜながら食べて

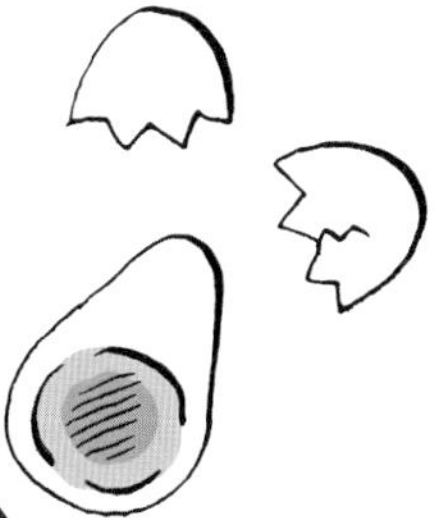

青ねぎを
トッピングしても

作り方

1 盛り付け用の耐熱深皿に、ご飯と水**100㎖**を入れてレンジで**4分**加熱する（ラップは不要）。

2 **1**にみそ、かつおぶしを加えて混ぜ合わせ、さらにレンジで**1分**加熱する。最後に温泉卵をのせる。

つゆで煮る一石二鳥とろみまで

時短でおいしく

煮麺《にゅうめん》って、普通は麺とつゆを
別々に作るんですが、
こちらでは一緒に煮ちゃいます！
でもね、そうすることで
麺に含まれた小麦粉が溶け、
つゆにとろみが出て、
卵がフワフワに！
あれ？
一緒に煮たほうがよくない？
っていうマジックです。

材料（1人前）

卵……1個
そうめん……1束（50g）
のり……½枚（全形の半分）
調味料
めんつゆ（3倍濃縮）……大さじ1

優しい味で
まさに夜食に
もってこい

作り方

1 鍋に水300㎖、めんつゆを入れて沸騰させる。卵は溶いておく。

2 1の鍋に直接そうめんを入れ、**表示時間どおり**ゆでる。

3 そうめんがゆだったら、卵を2〜3回に分けて鍋に加える。器に盛り、ちぎったのりをかける。

きゅうりとザーサイの納豆ご飯

ちょい足しで
じつは最強
納豆めし

栄養も取れて何だか
嬉しい「のっけご飯」

究極の軽めし、納豆ご飯。
納豆は栄養価の面で
かなり優秀ですが、
唯一弱いのがビタミンC。
だから野菜をプラスしたら、
ほんとに最強なんです。
納豆に野菜を混ぜて食べていると、
何だか体が喜んでいるなあって
感じがするんですよね。

材料（1人前）

きゅうり……½本（75g）
ザーサイ……30g
納豆（タレ・からし付き）……1パック（60g）
ご飯……茶碗に軽く1杯分（100g）

ミニトマトや豆板醤、
しらす、ごま、ごま油などを
ちょい足ししても

作り方

1 きゅうりとザーサイは**納豆と同じくらいの大きさ**に切る。納豆にタレとからしを混ぜる。

2 器にご飯を盛り、**1**をのせる。

混ぜながら
食べて！

大人味のサワーポテサラ

重くない！秘密はじつはヨーグルト

深夜のおつまみにも

マヨネーズが苦手という人は
ポテサラも
敬遠しがちかもしれません。
そんな人は、ぜひこちらを。
ヨーグルトを使うと
驚くほどさわやかで、
軽いポテサラになります。
大人っぽい味なので、
ワインなどにも合いますよ。

ハムの代わりにツナもおすすめ

材料（1人前）

じゃがいも……1個（120g）
玉ねぎ……¼個（50g）
ハム……2枚（25g）
無糖ヨーグルト……大さじ2

調味料
オリーブオイル……大さじ1
A　レモン果汁……小さじ1
　　塩……ひとつまみ

おすすめトッピング
こしょう……適量

作り方

1 じゃがいもは皮をむいて**ひと口大**に切る。サッと水で洗って表面のぬめりを洗い流し、耐熱容器に入れる。ふんわりとラップをして、レンジで**3分30秒～4分**、スッと箸が通るまで加熱する。

2 玉ねぎはみじん切りにし、ハムは**1㎝角**に切る。

3 **1**を木べらなどで潰し、ヨーグルトと**A**を加えてよく混ぜ合わせる。**2**を加えて、サッと和える。お好みでこしょうをふる。

※あまり日持ちしないので、1日で食べ切ってください。

たっぷり野菜の蒸し煮

余り野菜何でもオッケーコレ最高

ツナ缶は油ごと使う！

素材の水分だけで蒸し煮にするという、
フランスの「エチュベ」という
調理法から発想しました。
野菜を放り込んで
火にかけるだけなので、
とってもラクチン。
ツナとかベーコンとかを
少し入れると、さらに美味。
野菜たっぷりだけど
軽く食べられます。

材料(2人前)

キャベツ……1/8玉(120g)
玉ねぎ……1/2個(100g)
ツナ缶(油漬け)……1缶(70g)

調味料
オリーブオイル……大さじ1

＝A＝
レモン果汁……大さじ1/2
塩……ふたつまみ

おすすめトッピング
こしょう……適量

作り方

1 フライパンに、**食べやすいサイズ**にちぎったキャベツ、**1cm幅**に切った玉ねぎを入れ、その上にツナ缶(汁ごと)をのせる。オリーブオイルを回しかける。

2 フタをして**中火**で**5分**蒸し煮にし、途中、1〜2回混ぜ合わせ、最後に**A**をかける。

3 器に盛り、お好みでこしょうをふる。

炒め物ほど
油っこくないから
深夜でも食べやすい！

焼き鳥缶そば

足すだけで贅沢そばのできあがり

缶詰を使い倒そう

鴨南蛮とかって、
外でしか食べられない
イメージがありますよね。
そこで！
缶詰の焼き鳥を
活用することを思いつきました。
見て見て！
いつものそばが大変身。
贅沢な鴨南蛮風になっちゃいました。

材料（1人前）

長ねぎ……½本（50g）
焼き鳥缶……1缶（75g）
乾麺そば……50g
※ゆでそばでもOK

調味料
＝A＝ めんつゆ（3倍濃縮）……大さじ1
　しょうゆ……大さじ½

炒め用油
サラダ油……小さじ½

おすすめトッピング
山椒・七味唐辛子……適量

大きな焦がしねぎがいいアクセント

作り方

1 鍋に油をひき、**3㎝幅**に切ったねぎを中火で**3～4分**、焼き目がつくまであまり触らずに焼く。

2 盛り付け用の耐熱深皿に**1**、汁を切った焼き鳥缶、水**100㎖**、**A**を入れ、レンジで**1分30秒～2分**、お好みの温かさになるまで加熱する。

3 **1**で使った鍋を洗わずにそのまま湯を沸かし、そばを**表示時間どおり**にゆでて、ザルで水気を切り**2**に加える。お好みで山椒や七味唐辛子などをふる。

うどんで作ってもおいしい！

カチカチめし
出汁吸わせれば
ご馳走に

冷凍魚介ってじつは便利!

余ったご飯、
冷蔵庫に入れたらカチカチ……。
でもね、
おいしい出汁を吸わせてあげれば
ふっくらとよみがえります。
遅く帰ってきた夜に
少しだけ食べたいってとき、
こういうご飯があってよかった!
と思うはず。

材料（1人前）

ご飯……茶碗に軽く1杯分（100g）
冷凍あさり……7粒前後
大葉……3枚

調味料
＝A＝
鶏がらスープの素……小さじ½
塩……ひとつまみ

おすすめトッピング
ごま油・ラー油……適量

作り方

1 盛り付け用の耐熱深皿にご飯、水100㎖、あさり、Aを加えて混ぜ合わせ、レンジで4分加熱する（ラップは不要）。

2 1にちぎった大葉をのせる。仕上げにお好みでごま油やラー油をかける。

あさりと大葉、
じつはおじやに
よく合います！

蒸し鶏のフォー

ささみゆでスープも取れちゃうおトク感

肉だけど包丁要らずで
調理がラク！

肉料理で何が面倒って、
包丁で肉を切ることですよね。
まな板や包丁を洗わないといけないし。
でも、ささみだったらほら、
そのまま使えるんです！
ささみって安いし、ヘルシーだし、
手間もかからないし、じつは最強。
もっともっと
活用してほしい食材です。

材料（1人前）

鶏ささみ……1本（50g）
乾麺のフォー……50g
パクチー……1株

調味料

═A═ 酒……大さじ1
塩……小さじ½
═══ 鶏がらスープの素……小さじ1

おすすめトッピング

レモン果汁……適量

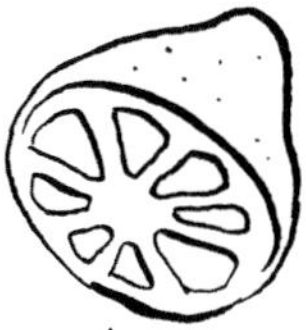

スープが多いと思ったら
少し取り分けて
卵スープなどにしても

作り方

1 ボウルにフォーを入れ、60〜70度の湯につけて15分ほど置く。麺が白っぽくなったら水洗いする。

2 鍋に水**300㎖**、**A**を加えて沸騰させる。火を止め、そこへささみを入れてフタをし、**10分**置いたら、取り出して身をほぐす。別の鍋に湯を沸かし、**1**のフォーを**2〜3分**ゆでる（※）。

3 ゆでたフォーを盛り付け用の器に入れて**2**のスープを注ぎ、ほぐしたささみと、ちぎったパクチーをのせる。お好みでレモン果汁を加えると、味変が楽しめる。

※ゆで時間はお好みの硬さになるよう調節してください。

ワザあり奴《やっこ》大集合

最強のお手軽食材“豆腐”。これを使い回さない手はない！というわけで、アレンジ４選、ご紹介します。

※材料はすべて、作りやすい分量です。

＼ザーサイ常備してるとラクですよ／

ザーサイ・しらすのおつまみ風冷奴

材料

絹ごし豆腐……150g
ザーサイ……20g
しらす……大さじ1
しょうゆ……適量

作り方

豆腐を器にのせ、ザーサイとしらすを上からのせる。お好みでしょうゆをかける。

＼梅雨時や夏に食べたい！／

オクラ・梅・ツナのさわやか冷奴

材料

絹ごし豆腐……150g
オクラ……３本
ツナ缶……１缶
梅干し……１個

作り方

オクラは熱湯で**1分**ゆで、ザルにあげて冷ましたあと、**5㎜幅**に切る。ボウルにオクラ、缶汁を切ったツナ缶、種を除いてほぐした梅干しを入れ、混ぜ合わせる。これを、器にのせた豆腐の上にかける。

＼天かすでほどよい満足感！／

天かす・ねぎ・出汁のたぬき温奴

材料

絹ごし豆腐……150g
めんつゆ（３倍濃縮）……大さじ½
天かす……大さじ１
カットねぎ……大さじ１

作り方

盛り付け用の耐熱皿に豆腐をのせ、めんつゆをかけて、レンジで**１分**加熱する。天かすとねぎをのせる。

＼風味と鮮やかな彩りが新鮮！／

トマト・オリーブオイルのイタリアン冷奴

材料

絹ごし豆腐……150g
ミニトマト……３個
オリーブオイル……小さじ１
塩……ひとつまみ

作り方

豆腐を器にのせ、小さく切ったミニトマトをのせて、オリーブオイル、塩をかける。

COLUMN

子どもたちに料理を教えていて思うこと

私は、大人だけでなく子どもにも料理を教えています。そのときに驚くのは、ありえない失敗をする子はほとんどいないということ。子どもたちは実に本能的に素材と向き合っていて、「料理って、基礎プログラムとして人間のDNAに組み込まれているんだな」と思わされるのです。

対して、大人は頭でっかちになってしまう方が多い印象です。分量は、調理にかかる時間は、レシピは……と細かいところに意識が行きがちですが、それらはじつはあまり重要ではありません。

料理で重要なのは「身体知」と「集中力」。スポーツと同じで体が覚えるものなんです。スポーツのルールを知っていることと実際にできることって、全く別物ですよね。テニスのコツ、運転のコツ、演奏のコツなんて言われても、それらをやったことがなかったら、わかるはずありません。

細かいことは考えず、まずは体を動かしてみましょう。そして、「なぜこうするのか」とか「こうしたらこうなりそうだな」と考えながら、集中して作る。そうすればきっと、自分でも驚くほど早く上達するはずです。

第5章

今日は汁物だけでいいんです

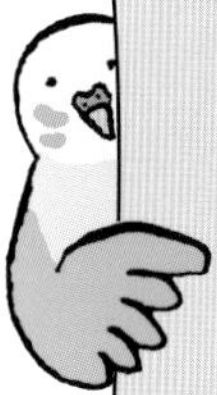

いろんな具材を何でも入れて
サッと煮るだけでできる汁物は、
じつは究極の軽めし。

わずかな具材にお湯を注ぐだけ！
そんなカフェオレ感覚で飲める
超簡単スープから、
クラムチャウダー、ミネストローネといった
定番スープも、「軽めし化」してご紹介。
豚汁だって、春夏秋冬、

季節で具材を変えれば大変身。

体の中から温まりたいときにはもちろん、
おにぎりやパンをプラスすれば、
しっかりめの一食分になる汁物は万能。

ご飯にも、おつまみにもなる汁物、
どんどん活用してみてください。

お湯注ぐだけ
スープ編

かちゅー湯

もう一品！
そう思ったら
注ぐだけ

カフェオレ感覚で飲みたい

沖縄の言葉で「かつお湯」を意味する
「かちゅー湯」。
インスタントみそ汁と同じ手間で、
お出汁の香りが段違い。
お湯を注ぐだけでも、
十分スープになるんです。
コンビニ弁当の日も、
これさえ作れば「やった感」。
毎日でも飲みたいお手軽スープです。
お茶タイムにもおすすめですよ。

みそ汁感覚でねぎ、わかめ、天かす、干しエビをプラスしても！

材料（1人前）

かつおぶし……ふたつまみ

調味料

みそ……大さじ1

作り方

1 お椀にかつおぶし、みそを入れ、湯をお椀の**半分**まで注ぎ、**1分**ほど置く。

2 みそがやわらかくなったら溶かして、ちょうどいい味になるまで湯を足す。

朝のコーヒーをコレに替えたら体によさそう

ラーメン屋さんのスープ

干しエビ、ごま、ごま油を加えてもおいしい

材料（1人前）

調味料

A
- 鶏がらスープの素……小さじ1
- 塩……少々
- しょうゆ……小さじ½
- こしょう……適量

作り方

器にAを入れ、180㎖の湯を注ぎ、こしょうをふる。

お湯注ぐだけ
スープ編

シンプル卵スープ

材料（１人前）

卵……１個
パセリ……１房
※粉末パセリでもＯＫ

調味料
粉チーズ……大さじ½
顆粒コンソメ……少々
塩……適量

作り方

器に卵を割り入れ、粉チーズを加えて混ぜ合わせる。コンソメを加えて１８０㎖の湯を注ぎ、かき混ぜる。塩で味を調えてみじん切りにしたパセリをのせる。

苦味がアクセントのパセリはなくてもOK！

冷たい卵を使うと冷めやすいのでお湯などで事前に器を少し温めておくと◎

塩昆布とたらこの即席雑煮

プチ雑煮「小腹空いた！」にちょうどいい

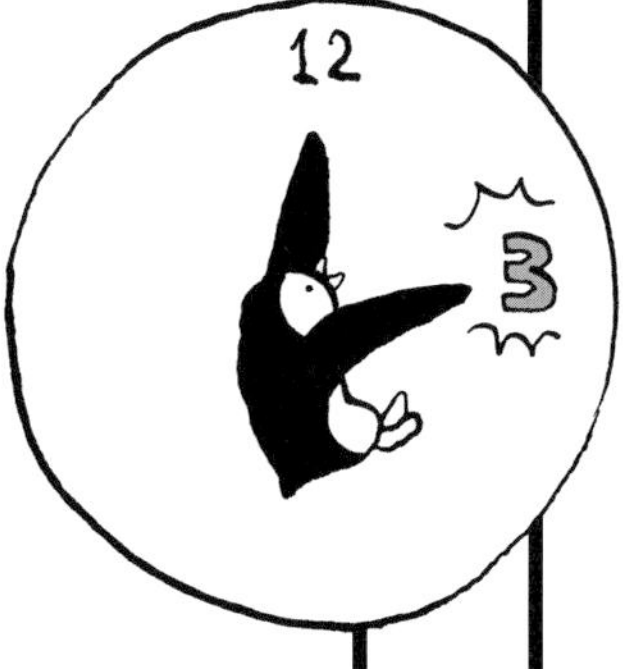

ちょこっと食べたいときに

お雑煮といっても、
煮込んではいません。
塩昆布・たらこにお湯を注ぎ、
焼いた餅を入れただけ。
そんな即席雑煮は、
おやつや、食後の
「あと少し食べたいな」
なときにうってつけ。
お雑煮って、もっと普段から
食べてもいいのでは。

材料（1人前）

餅……1個
たらこ……1本（45g）
塩昆布……大さじ1（5g）

明太子でもおいしい！

作り方

餅はグリルなどで焼く。器に、ほぐしたたらこと塩昆布を入れて180㎖の湯を注ぎ、餅を入れる。

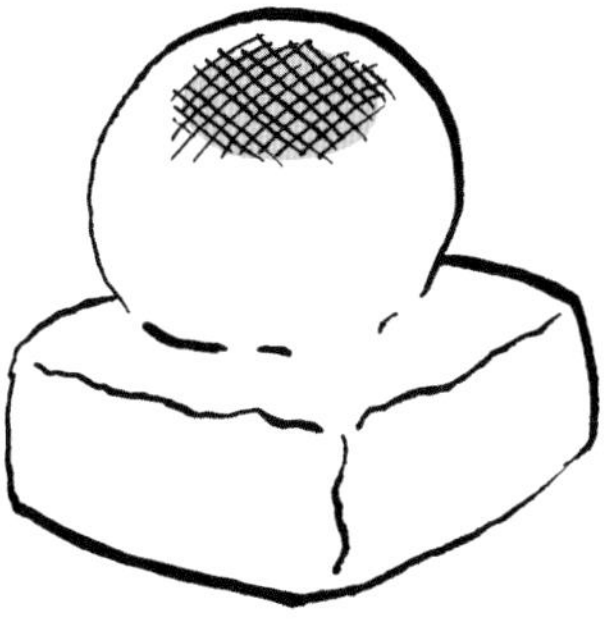

余った〇〇でスープ編

クラムチャウダー風ミルクスープ

牛乳を使い切るのにぴったりよ

牛乳が余ったら……

「牛乳ちょっと残っちゃった」
ってあるあるですよね。
そんなときは、
スープにしちゃうのがおすすめ。
常備野菜のじゃがいもや玉ねぎに
シーフードミックスがあればOK。
買い物行くのが面倒！
というときにも助かります。

材料（2人前）

玉ねぎ……1/4個（50g）
じゃがいも……1個（120g）
シーフードミックス（冷凍）……100g
牛乳……1カップ
＝調味料
＝A 塩……ひとつまみ
顆粒コンソメ……少々
炒め用油
バター……5g
おすすめトッピング
こしょう……適量

にんじんをプラスしてもOK

魚介出汁＆ミルクスープはやっぱり最強！

作り方

1 玉ねぎは薄切りにし、じゃがいもは皮をむいて**1cm角**に切る。

2 鍋にバターと玉ねぎを入れ、焦げないように**中火**で**3分**炒める。水**200ml**、じゃがいもを加えて沸騰させる。

3 **2**にシーフードミックスを加え、**弱めの中火**で**6分**煮る。最後に牛乳を加え、沸騰寸前で火を止める。Aを入れて味を調え、お好みでこしょうをふる。

余った○○でスープ編

きのこのミネストローネ風

ジュースでも何でもみんな出汁になる

トマトジュースが余ったら……


トマトジュースや野菜ジュース、そのまま飲んでもおいしいけれど、続くと飽きてしまうこともありますよね。

そんなときはスープにしちゃいましょう！

いい出汁が出ますよ。

材料（2人前）

玉ねぎ …… ¼個（50ｇ）
ウインナー …… ４本（70ｇ）
お好みのきのこ …… 100ｇ
（ここではマッシュルームを使用）
無塩トマトジュース …… １カップ

調味料
A 顆粒コンソメ …… 小さじ½
A 塩 …… 小さじ½

炒め用油
オリーブオイル …… 小さじ２

おすすめトッピング
粉チーズ …… 適量

作り方

1　玉ねぎは粗いみじん切り、ウインナーは**１㎝幅**、きのこは**食べやすいサイズ**に切る。

2　鍋に玉ねぎとオリーブオイルを入れ、**中火**で**３分**炒める。その後、きのこ、ウインナーを加え、**２分**炒める。

3　**２**に水**100㎖**、トマトジュースを加えて沸騰させる。**A**を加えて**弱火**で**３分**煮る。お好みで粉チーズをふる。

セロリ、にんじんを使ったり、ウインナーをベーコンに替えたりしても

余った〇〇でスープ編

あっという間のサンラータン

パックごともずく使えばうまスープ

もずくが余ったら……

小分けパックものは、
余ってしまうことも多いもの。
こちらは、もずくパックの
出汁ごと使っちゃう、
お手軽版サンラータン。
ほんのりとした酸味とタレの出汁が
いいアクセントになって、
あっという間に中華風。
じつは、いろんなものが
スープになるんですよ。

酸味がクセになる！
体の疲れも取れそう～

うっトリ

材料（2人前）

ミニトマト……5個（60g）
卵……1個
味付けもずく三杯酢……1パック（60〜70g）

調味料
鶏がらスープの素……小さじ½
塩……少々

おすすめトッピング
ラー油・ごま油……適量

作り方

1 鍋に水**300㎖**を入れて沸かす。ミニトマトは**4等分**に切り、卵は溶いておく。

2 沸騰したところにもずく酢を汁ごと入れ、ミニトマト、鶏がらスープの素を加えて**中火**で**2分**煮る。

3 卵を半分回し入れ、沸騰したら残りの卵を回し入れる（※）。塩で味を調え、お好みでラー油やごま油で風味をつける。

※2回に分けることで、フワフワ卵になる。

余った〇〇でスープ編

ザーサイ・ささみ・もやしのスープ

お財布に優しいコンビの底力

中華版

具だくさんみそ汁!?

ささみともやしは給料日前など、金欠のときの救世主。

そこにザーサイをプラス！

少し入れるだけで一気に中華風に。ザーサイは出汁が出やすく、食感もしっかりあるので、スープ作りにも便利。

余りがちかもしれませんが、常備しておくと、けっこう使えます。

さっぱりとした味わいだから
食欲がないときにも

材料（２人前）

ザーサイ……30g
鶏ささみ……３本（約150g）
もやし……½袋（100g）
調味料
塩……小さじ½

作り方

1 鍋に、ザーサイと水400㎖を入れて沸かす。ささみは1㎝の斜め切りにする。

2 沸騰したらもやし、ささみを加え、中火で3〜4分、ささみに火が通るまで煮る。

3 塩で味を調える。

お手軽本格スープ編

オニオングラタンスープ

オニグラもこれなら簡単!今日作ろ

レンジと粉チーズでラクラク!

みんな大好き!
オニオングラタンスープ!
でも、手間かかるんだよなあ……。
そんなお悩みを
レンチンであっさり解決!
オニグラスープが
こんなに簡単にできる。
そう知ってるだけで、
だいぶ心強い気がします。

材料（2人前）
玉ねぎ……1個（200g）
調味料
塩……小さじ1
炒め用油
バター……10g
おすすめトッピング
粉チーズ・こしょう……適量

作り方

1 玉ねぎはできるだけ薄切りにして、耐熱容器に入れてレンジで**4分**加熱する（ラップは不要）。

2 フライパンにバターと**1**を入れ、**強めの中火**で**7分**、焦げないよう注意しながら飴色になるまで炒める。

3 水**400㎖**を加え、沸騰したら塩で味を調える。お好みで粉チーズやこしょうをふる。

手軽なのに
ちゃんとオニグラ！

硬くなったパンを
入れても

このくらいの
色になるまで
炒める。

お手軽本格
スープ編

スピードカレースープ

鶏手羽で お肉も出汁も 取れちゃうよ

ご飯と一緒でも
単品でも

手羽中や手羽元って
面倒なイメージありませんか？
でも、切らなくていいし、
出汁も出るし、
じつはいいことずくめ。
こちらは
北海道のスープカレーから発想。
簡単なのに、
見た目が豪華なのも嬉しい一品です。

材料（2人前）

ピーマン……2個（50g）
にんじん……½本（100g）
手羽中……10本（200g）

調味料
＝＝A＝＝
カレールー……1かけ（20g）
にんにくチューブ……2cm
しょうがチューブ……2cm
塩……小さじ½

炒め用油
オリーブオイル……小さじ1

作り方

1　ピーマンは**縦4等分**に切り、にんじんは**1cm幅**の輪切りにする。

2　鍋にオリーブオイルと手羽中を入れ、**中火**で**4分**、あまり触らずに焼き目をつける。

3　**2**ににんじん、水**300ml**を加え、沸騰させてから**5分**煮る。ピーマンと**A**を加えて**2分**煮る。

骨付き肉はいい出汁が出る！

手羽中は手羽先や手羽元でもOK

季節の豚汁編

クリーミー春豚汁

豚肉を入れればみんな豚汁です

（なんならね　鶏汁だって　いいんです）

豚汁の思い込みを解放せよ

豚汁を作るとき
にんじん、ごぼう、こんにゃく……
なんて考えなくてOK！
豚肉が入っていれば豚汁！
鶏肉で作ったってOK！
肉からいい出汁も出ます。
いろんなレシピを覚えなくても、
複数の豚汁が作れれば、
それでOKじゃないですか？

材料（2人前）

春キャベツ……2枚（100g）
アスパラガス……3本（80g）
ベーコン……ハーフサイズ4枚（60g）
無調整豆乳……1カップ

調味料
みそ……大さじ1と½

春キャベツがなければ
キャベツでOK

ベーコンと豆乳、
間違いない組み合わせ！
アスパラガスの食感も◎

作り方

1 キャベツはちぎるなどして**ひと口大**にする。アスパラガスは下部の硬い皮をむき、**4cm幅**に切る。ベーコンは**1cm幅**に切る。

2 鍋にキャベツとベーコン、水**200ml**を入れてフタをする。**中火**で加熱し、沸騰してから**3分**煮る。

3 アスパラガスと豆乳を加え、さらに**中火**で煮て、沸騰する直前に火を止めてみそを溶く。

季節の豚汁編

スタミナ夏豚汁

材料（2人前）

なす……1本（70g）
ピーマン……2個（50g）
豚バラ薄切り肉……100g
調味料
にんにくチューブ……4cm
みそ……大さじ2

作り方

1 なす、ピーマンは乱切りにする。豚肉は**2cm幅**に切る。

2 鍋に豚肉を入れて**中火**で**3分**炒める。

3 水**400㎖**、なす、ピーマン、にんにくチューブを加えて煮る。沸騰したら**弱火**にして**3分**煮る。火を止めてみそを溶く。

にんにくチューブの代わりに
スライスにんにくを
豚肉と一緒に焼いて
プラスするとさらに◎

季節の豚汁編

ほっこり秋豚汁

きのこと豚肉のダブル出汁で
うまみたっぷり！
お好みのきのこで
作ってOK

材料（2人前）

しめじ……100g
まいたけ……100g
長ねぎ……¼本（25g）
豚ひき肉……100g
調味料
みそ……大さじ2

作り方

1 しめじ、まいたけは小房にほぐし、ねぎは小口切りにする。

2 鍋に豚肉を入れ、**中火**で**2分**炒める。しめじ、まいたけ、水400mlを加え、沸騰したら**弱火**にして**3分**煮る。火を止めてみそを溶く。

3 お椀に盛り、ねぎを散らす。

季節の豚汁編

ピリ辛冬豚汁

キムチが余って困ったら
豚汁にしちゃいましょう
スンドゥブ風にしたければ
豆腐をイン!

材料（2人前）

白菜……1枚（100g）
豚バラ薄切り肉……100g
キムチ……50g
調味料
しょうがチューブ……5cm
みそ……大さじ1と½

作り方

1 白菜は縦半分に切ってから2cm幅に、豚肉も2cm幅に切る。

2 鍋に水400mlを入れて沸騰させ、1を加え、再度沸騰させる。

3 キムチとしょうがチューブを加え、**弱火**で**3分**煮る。火を止め、みそを溶く。

COLUMN

「出汁」とは
単に「うまみのある汁」。
難しく考えないで

こちらで紹介した豚汁。そのどれにも、いわゆる出汁は入っていないことに気づきましたか？　出汁素材としては、かつおぶし、昆布、しいたけなどが有名ですが、それらを使わなくても、うまみのある汁なら何でも「出汁」です。

こちらの豚汁の場合は、豚バラやベーコン、きのこからうまみが出るので、かつおぶしや昆布が入っていなくても成立するんです。

出汁は、肉や魚介類からはもちろん、玉ねぎ、にんじん、セロリなどの香味野菜やトマト、きのこなどからも出ます。だから、こういう素材が入っていれば必ずしも入れなくてよいし、かつおぶしや塩昆布などを最後に投入するだけでもOK。出汁を用意するときも、顆粒出汁でも、かつおぶしパックでも、自分のライフスタイルに合わせて使いやすいものを選べばよいと思います。

塩分や甘味などと違い、うまみは濃さで迷うかもしれませんが、正解はありません。私自身は、その日のメインがガッツリ系であれば汁物は薄めの出汁でさっぱり味に、逆にメインがあっさり系であればしっかり出汁を取って……と、使い分けています。

余りがち食材で簡単おつまみ

おつまみこそすぐに作れるものがいい。
すぐ飲める、なんなら飲みながら作れる
お手軽おつまみを集めました。

※材料はすべて、作りやすい分量です。

＼大豆コンビ、合わないわけがない／

油揚げと納豆のトースター焼き

材料

油揚げ……1枚
納豆(タレ付き)……1パック
かつおぶし……ひとつまみ
しょうゆ……小さじ½～1
七味唐辛子……適量

作り方

油揚げは**10等分**に切って耐熱皿にのせ、納豆を全体にのせる。トースターで焼き目がつくまで**8～10分**焼き、納豆のタレ、かつおぶし、しょうゆをかける。お好みで七味唐辛子をふる。

＼かつおぶしの風味が絶妙／

クリームチーズのおかかじょうゆ

材料

クリームチーズ……40g
しょうゆ……小さじ½
かつおぶし……ひとつまみ

作り方

クリームチーズは**1㎝角**に切り、しょうゆとかつおぶしをかける。

＼柿や桃やら野菜でも！／

生ハム with冷凍マンゴー

材料

冷凍マンゴー……１袋
生ハム……２枚
オリーブオイル……小さじ½

作り方

マンゴーは冷蔵庫で解凍して**食べやすいサイズ**に切り、ちぎった生ハムをのせる。上からオリーブオイルをかける。

＼ベーコンのうまみだけでいけちゃう／

マッシュルームのベーコン焼き

材料

マッシュルーム……１パック
ベーコン……ハーフサイズ３枚
こしょう……適量

作り方

マッシュルームは軸を外し（※）、耐熱皿に軸側を上にして並べる。ベーコンを細く切って軸のくぼみに入れ、トースターで焼き目がつくまで**10分**焼く。お好みでこしょうをふる。

※軸を持ってクルッと回すように引っ張ると、簡単に外れる。外した軸はいい出汁が取れるので、スープなどに使って。

おわりに

「ヘトヘトで帰った日にサッと作れて重くないご飯とか、お昼が遅かった日の夜ご飯とか、そういう軽く作れて、軽く食べられるレシピがほしいんです。一般的なレシピ本の分量で作ると多すぎるなと感じることもよくあるし」

この本は、編集者さんから受けたそんなご相談がきっかけで生まれました。言われてみると、軽く食べたいシチュエーションはけっこうあるけれど、それに対するレシピ本って今までなかったかもしれない、これは面白そうだな、と私も感じたのです。

「料理家」ではなく「自炊料理家」を名乗っている私は、一人でも多くの人に自炊してほしいという思いから、日々、料理に関する情報を発信したり、今日からできる自炊のやり方を教えたりしてきました。家で自分が食べるための料理ですから、贅沢な素材も、細かすぎる工程も必要なく、大切なのは自分が無理なく、ラクに続けられること。ササッと作れて自分のお腹と心を満たすことができるもの。そうやって、自分を慈しみ続けられるものが大事だと考えています。

それは、この本のコンセプトにも合っているなと感じました。

元々、手軽に無理なく作れるレシピを提案してきた私ですが、今回の本ではさらにその道を追求すべく、さまざまなレシピを考案しました。とにかくラクに、簡単に、でも料理のわくわく感は残して、必ずおいしく。そうでなければ、忙しい現代人の自炊は続かない――そうわかっているからこそ、熱も入りました。そんなわけで、本書には、レンジ料理もたくさん入れました。

本書のレシピを友人たちにも試作してもらうと、「火を使わない、鍋を使わないだけで料理の心理的ハードルがかなり下がった」「慣れてしまえば、何も考えずに作れる」「レンジ調理中はほかのことができてラクなのに、こんなにおいしいなんて魔法！」といった感想が続々。とにもかくにも、手軽に作れることって大事、ご機嫌に自炊ができるっていいなあと改めて思ったのでした。「軽めし」への道は、まずは心のハードルを下げるところから始まるのだなと改めて感じています。

「こんなに簡単でおいしくて、満たされているのに体も軽いなら、自炊続けられるかも」。本書を読んで試して、そう思ってくださる方が一人でも多くいらっしゃることを心から願っています。心も体も軽やかに、これからもマイペースに自炊を続けてみてくださいね。

山口祐加

［著者］

山口祐加（やまぐち・ゆか）

自炊料理家

出版社、食のPR会社を経て、料理初心者に向けた料理教室「自炊レッスン」や執筆業、音声
配信などを行う。共働きで多忙な母から「祐加ちゃんが夜ごはん作らないと、今晩のごはんは
ないの。作れる？」とやさしい脅しを受けて7歳から料理に親しみ、自炊の喜びに目覚める。
現在は自炊する人を増やすために幅広く活動中。誰でも作れるシンプルなレシピが人気。好物
はみそ汁。
著書に『週3レシピ 家ごはんはこれくらいがちょうどいい。』（実業之日本社）、『ちょっとの
コツでけっこう幸せになる自炊生活』（エクスナレッジ）、『自分のために料理を作る 自炊から
はじまる「ケア」の話』（晶文社）など。自炊レッスンや各種イベントについてはX（旧Twitter）
やInstagramで発信している。
ID：yucca88（各SNS共通）

公式ホームページ：https://yukayamaguchi-cook.com/
音声メディアVoicy「山口祐加の旅と暮らしとごはん」：https://voicy.jp/channel/1525

器協力
AWABEES　03-6434-5635
UTUWA　03-6447-0070

軽めし
──今日はなんだか軽く食べたい気分

2024年1月16日　第1刷発行

著　者──山口祐加
発行所──ダイヤモンド社
　　　　　〒150-8409　東京都渋谷区神宮前6-12-17
　　　　　https://www.diamond.co.jp/
　　　　　電話／03-5778-7233（編集）　03-5778-7240（販売）

ブックデザイン──相原真理子
撮影────鈴木泰介
スタイリング──久保百合子
イラスト──伊藤ハムスター
校正────ぷれす
製作進行──ダイヤモンド・グラフィック社
印刷────勇進印刷
製本────ブックアート
執筆・編集協力──小元佳津江
編集担当──宮﨑桃子

本書の感想募集
感想を投稿いただいた方には、抽選でダイ
ヤモンド社のベストセラー書籍をプレゼント
致します。▶

メルマガ無料登録
書籍をもっと楽しむための新刊・ウェブ記
事・イベント・プレゼント情報をいち早くお届
けします。▶